VENCEDOR

*DEVOCIONAL DE 31 DIAS PARA SUPERAR LA
ADVERSIDAD, LA DEPRESEION, EL RECHAZO,
LA TENTACION*

CHESMA C. MCCOY

Shirley LaTour, info@shirleylatour.com
O con Chesma McCoy en www.pastorscloset.org

Editorial: SL Elite Publishing
451-D East Central Texas Expy
Suite 276
Harker Heights, TX 76548
shirley@shirleylatourenterprises.com

Vencedor se puede comprar con descuentos especiales por cantidad. Hay oportunidades de reventa disponibles para programas de donantes, recaudación de fondos, clubes de lectura u otros fines educativos para escuelas y universidades. Para obtener más información, comuníquese con: Shirley LaTour Shirley@shirleylatourenterprises.com

Todas las escrituras, a menos que se indique lo contrario, son la versión King James.

NOTA: La palabra de Cristo está escrita en NEGRITA dentro de las escrituras.

ISBN (Constraportada): 978-1-950289-36-3
ISBN (EBook): 978-1-950289-37-0
Autora: Chesma McCoy

Editado por: Shonda M. Curb, Shirley D. LaTour
Diseño de Interiores por Shirley D. LaTour
www.slelitepublishing.com

ÍNDICE

Dedicatoria

Dedico este libro a mi Madea, Tommie Lee Brown (fallecida), mi hermana, Elicia Crathers, (fallecida), mi sobrina, Ty'esha Taylor (fallecida), y a los Pastores y Líderes Cristianos que perdieron la vida por suicidio y depresión; a pesa de que su VIDA finalizó demasiado pronto PERO la voluntad de DIOS prevalecerá , y también para mis tutores legales y mi gran familia. ¡Estoy realmente agradecida con Dios por cada uno de ustedes ya que sirven como una extensión de la línea de VIDA de lo que soy hoy día!

Los Amo POR SIEMPRE!

RECONOCIMIENTOS

No que lo haya alcanzado ya, ni que ya sea perfecto; sino que prosigo, por ver si logro asir aquello para lo cual fui también asido por Cristo Jesús. Hermanos, yo mismo no pretendo haberlo ya alcanzado; pero una cosa hago: olvidando ciertamente lo que queda atrás, y extendiéndome a lo que está delante, prosigo a la meta, al premio del supremo llamamiento de Dios en Cristo Jesús.
(Filipenses 3:12-14)

Oro para que el manuscrito de este libro sea recibido en buena fe, buena salud y de buen humor. Estoy muy agradecida con Dios por ser parte del Reino y por poder servir a su pueblo. Mi corazón está lleno de alegría por la abundancia. Gracias a todos por su amor, oraciones y apoyo. ¡Oro para que todos lo disfruten!

A mi esposo, socio y amigo, Leonard, del cual estoy muy agradecida por ti. Tu amor y apoyo significan todo para mí. Doy gracias a Dios por todas nuestras fortalezas y nuestras batallas porque sin estas nada de esto hubiese sido posible. No somos perfectos de ninguna manera, así que aprendemos a medida que crecemos. Doy gracias a Dios por nuestra familia. ¡Te amo POR SIEMPRE! #Parasiempre

A mi hijo Cheston, mi primogénito, te dejo un legado. En mi oración está el que pronto descubras tu propósito. Nunca tengas miedo al fracaso o al rechazo. Siempre cree en ti mismo. Recuerda, mantén a Dios en primer lugaro y nunca serás el último. ¡Mamá te ama más de lo que jamás sabrás!

A mi hija Leandra, mi chica favorita, aunque probablemente estás demasiado joven para leer esto ahora, pero siempre conoce lo que vales y esencia. Nunca permita que nadie te valide como persona. Deja que Dios sea tu vindicador. Camina con Dios donde quiera que vayas. ¡Deja que tu belleza y tu luz BRILLEN para SU Gloria! ¡Mamá te ama más de lo que jamás podrás imaginarte!

A mi madre, Gayle, siempre serás mi número uno desde el primer día, desde el vientre hasta llegar a este mundo; tu amor por mí rompió el molde. Incluso cuando nadie más creía en mí, ¡TU SI LO HICISTE! Doy gracias a Dios que te eligió para ser mi madre. ¡Eres una VERDADERA MUJER de FORTALEZA! ¡Dios te bendiga y te guarde!

Para mi padre, Arnold, estoy muy agradecida con Dios por ser parte de tu legado y la primavera que traes. Sin ti, no existiría yo. Yo oro para hacerte sentir orgulloso.

A mis tutores legales, James y Girtie Crathers, ¡Ustedes son los verdaderos MVPs! Doy gracias a Dios por su tutela y por aceptarme como parte de su familia. Ustedes prepararon el escenario para mi madurez espiritual para el fundamento en Cristo!

A mi suegra, Agnes, le agradezco a Dios por nuestra relación. ¡Es una bendición ser parte de tu familia!

A mis hermanas, Vanessa, Valancia (Roxanne), Debora, Joyce, Jamie, Andrea (Kay), Erika, Beinka, Rhoda, Latarsha, ustedes son mis primeras amigas. Sabes que dicen que las hermanas se ayudan a edificarse mutuamente. Puedo testificar que esto es cierto. Si alguna vez tengo problemas, sé que serían las primeras en escucharme. Gracias por apoyarme siempre. Les amo INFINITAMENTE!!!

Para mis hermanos, Ira, (Bird), Carlos y Nathaniel, Lawrence (Dynamite), Larry, Raymond, Anthony (Tony), tienen unos grandes zapatos que llenar. Son cabeza y no cola. Nunca teman en tomar la iniciativa. ¡Recuerden caminar en lo ALTO cuando estén caminando con Dios! Ustedes son nuestro legado vivo!

A mis sobrinas, Felicia, LaTisha, Mia, Kymisha, Keiambra, Ciarra, Daysha, Analicia, Cecily y Christiana, nunca permitan que nadie les defina como persona. ¡Sepan lo que valen! La belleza está en el ojo del espectador. Pueden hacer cualquier cosa que se propongan, solo manténgan su enfoque en Él!

A mis sobrinos, Eric, Dawan, Paul (PJ), Marqveis, Tyrese, James, Jaleel, Donovan, Zykieth, Shamar, Jeremiah, ustedes son el futuro. Nunca olviden quiénes son. Son cabeza y no cola. Sigan el ejemplo de sus antepasados. Mantengan a Dios de primero y nunca serán los último!

A mis sobrinas-nietos y sobrinos-nietos, Darien (DJ), Mariah, Milani, Ariya, Avyah, D'Aundre, Destynie, Jayden, Mya, Deonte, Carlos Jr y Jalik, nunca se es demasiado joven para empezar a soñar, así que siempre deben saber que no hay sueño demasiado pequeño para ser alcanzado. Si puedes soñarlo, lo lograrás. ¡Solo créelo y lo recibirás!

Tengan FE en Dios porque Él es el que tiene el plan maestro!

Para mis amigas hermanas, Rhonda y Dawnyelle, no hay muchas personas a las que pueda llamar amigas, pero ustedes tienen ese título con honor y le agradezco a Dios por ustedes. ¡Gracias por ser un apoyo! Les amo como una hermana!

A mis hermanos amigos, Oris y Dusty, mis hermanos de otra madre, admiro su fuerza, sabiduría y humildad. Traen tanta alegría e inspiración al reino. ¡Es una bendición llamarles amigos! ¡Les amo! Que Dios les bendiga y les guarde!

A la Consejera Bea, eres mi Aaron. Moisés no creía que podía cumplir la misión de Dios si Dios no le hubiera enviado ayuda. A veces, solo necesitamos un pequeño empujón. Estoy muy agradecida por su amor, oraciones y apoyo porque sin eso, esto no sería posible.

¡¡¡¡Le amo ETERNAMENTE!!!

Para todos los que lean este libro, oro para que este libro sea de alimento para su alma. ¡La edificación del reino significa vivir el reino! ¡¡¡DIOS TE BENDIGA!!!

En Cristo, Chesma M

VENCEDOR:

Es obtener el mejor resultado en una lucha o conflicto; conquistar; derrota: vencer al enemigo, vencer o triunfar

(Obtenido de https://www.dictionary.com/browse/overc omer)

D^{ÍA} 1

YO SOY HERMOSA

Te alabaré; porque formidables, maravillosas son tus obras; Estoy maravillad, Y mi alma lo sabe muy bien. (Salmos 139:14 RVR)

Yo SOY hermosa porque sé mi valor y, a pesar de mis defectos, no tengo miedo de brillar a través de ellos de todos modos. Soy hermosa porque me encanta ver la belleza en los demás así como Dios ve lo mejor en mí. Soy hermosa porque incluso cuando estoy desanimada, todavía puedo sentir la presencia de Dios desde dentro. La belleza no se trata de ser modelos de belleza y mantenerse al día con las últimas tendencias. La belleza es mucho más que superficial. Porque la verdadera belleza ¡se encuentra en los ojos del espectador!

Recuerdo que cuando era niña me ridiculizaban por mi piel morena. Nunca fui reconocida como la chica popular en la escuela ni tuve novio. Claro que estuve enamorada de alguien, pero cuando él se enteró que me gustaba; se rio de mí, me llamó fea y huyó. Me sentí muy avergonzada porque no fue mutuo. Estaba tan desconsolada que comencé a creer las mentiras y comencé a transformarme en lo que pensaba que se suponía que era ser la belleza.

¡Estoy tan agradecida de que Dios no juzga mi apariencia exterior! Está más preocupado por lo que hay adentro. Muchas decepciones me han enseñado a abrazar mis cicatrices para que cada cicatriz pueda contar una historia. Mi sonrisa, personalidad y carácter reflejan la belleza de Su gracia. Le daré toda la alabanza y gloria a Su Nombre. Amén.

1. Yo SOY Hermosa

"Jehová respondió a Samuel: No mires a su parecer, ni a lo grande de su estatura, porque yo lo desecho; porque Jehová no mira lo que mira el hombre; pues el hombre mira lo que está delante de sus ojos, pero Jehová mira el corazón." (1 de Samuel 16:7)

DÍA 2

YO SOY Fuerte

Y me ha dicho: Bástate mi gracia; porque mi poder se perfecciona en la debilidad. Por tanto, de buena gana me gloriaré más bien en mis debilidades, para que repose sobre mí el poder de Cristo. (2 de Corintios 12:9 RVR)

Yo SOY fuerte porque sé lo que se siente sentir dolor y, a pesar de todo lo que he pasado, sigo aquí. Soy fuerte porque me ayuda a levantar a otros cuando están deprimidos. ¡Soy fuerte porque dependo de Dios!

¡Aprendí que tener fuerza no siempre significa que dependas de ti mismo, sino que puedes confiar plenamente en el poder de Dios cuando no alcanzas Su gloria! Me recordó que no puedo depender de mi propia fuerza. Mis experiencias siempre me han enseñado que está bien ser vulnerable porque puedo confiar en que Su fuerza siempre será mayor que mi debilidad.

No fue hasta que perdí mi trabajo que las circunstancias de la VIDA comenzaron a cambiar. E incluso en Su sabiduría infinita, permitió que sucedieran cosas porque tiene planes más grandes para mí. ¡Pero nunca perdí mi alabanza! A menudo, cuando una puerta se cierra, Dios abre otra porque su rechazo es para nuestra propia protección.

No importa cuántas veces me caiga, Dios siempre estuvo ahí para levantarme. Es reconfortante saber que, a pesar de mis fracasos, la gracia de Dios siempre fue suficiente. ¡Estoy agradecida de que el Dios al que sirvo es más que suficiente! La prueba de la verdadera fe es cómo permanecer humilde frente a la adversidad; porque yo soy débil, más ¡Él es fuerte!

2. Yo SOY Fuerte

"Venid a mí todos los que estáis trabajados y cargados, y yo os haré descansar." (Mateo 11:28)

D^{ÍA 3}

BRILLA COMO Un Diamante

No os conforméis a este siglo, sino transformaos por medio de la renovación de vuestro entendimiento, para que comprobéis cuál sea la buena voluntad de Dios, agradable y perfecta. (Romanos 12:2 RVR)

Yo SOY valiosa porque soy única y no hay nadie como yo. Me hizo única porque mi tarea es específica. Nunca fue la intención que yo encajara porque nací para destacar. Mi VIDA y mi familia son bendecidas por cada contribución que hago. ¡Soy valiosa porque soy propiedad de Dios!

Fui comprada por un precio y, como soy una sierva de Dios, es imperativo que camine recta y digna de Su llamamiento. Lo cual prepara el escenario para una abundancia de bendiciones y, si soy fiel y, aun más, obediente, permitiré que mis bendiciones se manifiesten y provoquen desbordamiento. Sin embargo a veces tiendo a andar mi propio camino.

Era ESA la noche de la fiesta de la escuela de mi último año y me enteré de que un grupo de mis compañeros de clase estaban organizando una fiesta posterior en un hotel para tomar unos tragos, así que fui para unirme a la diversión. Sabía que no era lo correcto, pero la popularidad y la presión de los compañeros tuvieron grandes influencias a lo largo de mi trayectoria en la escuela secundaria y sabía que si quería ser parte de la multitud, tenía que hacer el máximo sacrificio. Pero hay consecuencias por cada acción.

Me recordaban que debía ser un ejemplo así como lo fue Jesús porque el propósito siempre será más grande que cualquier concurso de popularidad que se pueda comparar. Porque todo el mundo quiere ser un diamante hasta que descubre lo que cuesta ser tallado. Gracias a Dios que su gracia deja lugar para los errores. ¡Tengo la bendición de saber que Dios todavía me reclama Suya!

3. Brilla Como un Diamante

"Por precio fuisteis comprados; no os hagáis esclavos de los hombres." (1 de Corintios 7:23)

DÍA 4

Jesús ME Ama

PORQUE de tal manera amó Dios al mundo, que ha dado a su Hijo unigénito, para que todo aquel que en él cree, no se pierda, mas tenga vida eterna. (Juan 3:16 RVR)

Yo SOY AMADA porque Yo no podría experimentar una VIDA abundante sin Jesús y la cruz. Estoy viva por lo que Él es en mí. Me amaba más allá de mis faltas. Es por gracia que soy salva por mi fe. El amor de Dios me enseña a encontrarme con las personas donde están. Porque su amor es incondicional.

Yo soy amada porque soy una creyente en Cristo. No es una prueba de habilidades especializadas que deba aprobar ni es ciencia espacial. ¡Todo lo que tienes que hacer es creer! Acepté a Jesús como mi Salvador a los catorce años y no entendí cuál era mi propósito hasta que maduré espiritualmente. Todas las experiencias de mi VIDA me han enseñado que el haber sido salva no me exime de las pruebas y de los errores, pero la gracia de Dios es una llave de seguridad hacia la libertad eterna. Vivo para compartir mi testimonio con todo el que conozco.

No fue hasta que trabajé en el centro comercial como técnico de lavado de pelo que me enteré que uno de mis compañeros de trabajo le devolvió la VIDA a Cristo gracias a mi influencia. Todos debemos ser conscientes de cómo vivimos porque podemos ser la única Biblia que alguien lee.

Si decimos que somos Cristianos y vivimos como si no lo fuéramos, ¿cómo podemos convencerlos de que Dios es quien dice ser? Debido a que Su gracia se puso a disposición de todos, la debemos dar gratuitamente a otros. Sin embargo, la misma gracia que me salvó puede salvar a otra persona. Estoy agradecida de estar vivo por Su amor.

4. Jesús ME Ama

"Así alumbre vuestra luz delante de los hombres, para que vean vuestras buenas obras, y glorifiquen a vuestro Padre que está en los cielos." (Mateo 5:16 RVR)

D^{ÍA 5}

YO SOY Perdonada

POR CUANTO TODOS PECARON, y están destituidos de la gloria de Dios. (Romanos 3:23 RVR)

Yo soy como un árbol cuyas hojas han caído al borde del camino. La clave para dar fruto es meditar día y noche en la palabra de Dios. Si no me mantengo firme en mi fe, no podré lograrlo en lo absoluto. ¡¡¡Pero la Verdad me hará LIBRE!!!

Yo planto una semilla para asegurar la cosecha en un cimiento adecuado. Mi cimiento está profundamente arraigado en Jesús para que Él se convierta en mi prioridad y si tropiezo, Él me levante. Cuando sufrí un aborto espontáneo, caí en la desesperación y comencé a buscar consuelo fuera de la voluntad de Dios; sin embargo, Él es fiel y me abrió un camino para resistir la tentación.

A veces, cuando pasas suficiente tiempo en la oscuridad, aprendes a apreciar la luz. Estaba cansada de sentir el dolor, la culpa y la vergüenza.

Encontré alegría en la comodidad del peso muerto que me fue quitado de los hombros.

El perdón es la libertad del poder y el amor de Dios. Cuando aprendes a dejarlo fluir y a confiar en Él, pasarás de ser víctima a ser victorioso. Ya no estoy siendo derrotada por mi pasado. Porque mi alma le dice SÍ a Dios; ¡una entrega total!

5. Yo SOY Perdonada

"No os ha sobrevenido ninguna tentación que no sea humana; pero fiel es Dios, que no os dejará ser tentados más de lo que podéis resistir, sino que dará también juntamente con la tentación la salida, para que podáis soportar." (1 de Corintios 10:13 RVR)

D^{ÍA 6}

NO Temas

Y A AQUEL que es poderoso para hacer todas las cosas mucho más abundantemente de lo que pedimos o entendemos, según el poder que actúa en nosotros, a Él sea gloria en la iglesia en Cristo Jesús por todas las edades, por los siglos de los siglos. Amén. (Efesios 3:20-21 RVR)

DIOS ES capaz de hacer mucho más en mi VIDA de lo que jamás pueda imaginarme. Puedo acercarme a Él con libertad y confianza a través de la fe en Jesús. El poder de Dios obra a través de mí mientras afirmo que dentro de esta vasija de barro está Su tesoro.

El propósito que Dios tiene para mí es mayor de lo que puedo obtener. No hay razón para temer porque he sido equipada con todo lo que necesito para cumplir Su voluntad. Y, a veces, Él te hará hacer cosas fuera de tu zona de confort.

Siempre le he tenido miedo a la plataforma pública porque le temía el rechazo. Pero a veces

Dios enviará a alguien o incluso te colocará en una posición para hacer cosas por encima de la influencia. Me sentí como Moisés. El cual fue dirigido por Aaron. Él era un hombre de fe que murmuraba y murmuraba cuando hablaba, pero terminó dividiendo y conquistando la tierra para liberar al pueblo de la esclavitud. Dios le dijo en Éxodo que fuera a decirle al Faraón que dejara ir al pueblo. También entregó los Diez Mandamientos, dividió el Mar Rojo y condujo a los israelitas a la Tierra Prometida.

Y al igual que Moisés, quiero ser fuerte. Esto me recordó que siempre debes tener coraje y nunca tener miedo. Porque la tarea que tienes por delante nunca será tan grande como el poder que te respalda. Finalmente encontré mi fuerza y mi fe en Él; esto me da paz. ¡No temo porque Dios todo lo PUEDE!

6. NO Temas

"Por lo demás, hermanos míos, fortaleceos en el Señor, y en el poder de su fuerza.. Vestíos de toda la armadura de Dios, para que podáis estar firmes contra las asechanzas del diablo." (Efesios 6:10-11)

D ÍA 7

Mi Alma Ha Sido Anclada

PERO LA UNCIÓN que vosotros recibisteis de él permanece en vosotros, y no tenéis necesidad de que nadie os enseñe; así como la unción misma os enseña todas las cosas, y es verdadera, y no es mentira, según ella os ha enseñado, permaneced en El (1 de Juan 2:27 RVR)

DIOS ME HA EQUIPADO con todo lo que necesito para perseguir mi propósito. No necesito el permiso de nadie ni su validación para hacer lo que Él me ha llamado a hacer. ¡Mientras yo permanezca firme en Su palabra, ningún obstáculo podrá vencerme porque mi mente está programada para la victoria!

Cuando Dios te ha llamado, nadie puede interrumpir los planes que tiene para ti. No toques a mi ungido. No necesitas ningún título, grado escolar o certificado especial que te califique para hacer la obra del Señor, TODO lo que necesita es el Espíritu Santo. Deja que Dios sea tu vindicador y Él te protegerá del maligno.

EL PROPOSITO DE NADIE será el mismo, así que corre tu propia carrera. No importa la tormenta a la que te enfrentes, no te distraigas y mantén el rumbo.

Recuerda Dios calma TODOS los vientos! Puede que no entiendas el plan que Él tiene para ti, solo mira a los montes porque de ahí viene tu socorro.

7. Mi Alma Ha Sido Anclada

"No toquéis, dijo, a mis ungidos, Ni hagáis mal a mis profetas" (Salmos 105:15 RVR)

D^{ÍA 8}

CONOCE TU VALOR

SEA LA LUZ de JEHOVÁ nuestro Dios sobre nosotros,: Y la obra de nuestras manos confirma sobre nosotros; Sí, la obra de nuestras manos confirma. (Salmos 90:17)

Yo SOY digna de Su libertad, gracia y compasión sin final. Soy lo suficientemente digna para seguir mis sueños y manifestar mis deseos. ¡Soy lo suficientemente digna de saber que si estoy cansada puedo encontrar descanso en Dios! Todas mis batallas son Suyas, que si me mantengo firme en la fe, Él lucha por mí.

Estoy muy agradecida de que Dios no nos trate como nuestros pecados ameriten. Su gracia no castiga nuestros errores. A veces basamos nuestras vidas en estadísticas de lo que hemos visto y oído. A menudo nos distraemos con lo que deseamos en lugar de la promesa divina de Dios. Pero he aprendido que la VIDA no se trata de lo que queremos, sino de lo que damos. Es Su voluntad lo que ha diseñado en la forma en que la que vivimos.

DEJA DE TRABAJAR EN EXCESO para un puesto que te fue prometido a otra persona. Nadie te tratará tan merecido como lo hace Dios. Porque lo que tiene para ti es solo para ti. Su favor te colocará en una posición en la que los elogios no lo harán. Recuerda, Dios no llama a los calificados, sino que califica a los llamados.

Cuando me gradué de la universidad, esperaba conseguir un trabajo en mi carrera de contabilidad. Trabajé en una empresa de marketing durante dos años antes de que me despidieran e incluso trabajé en algunas asignaciones temporales mientras tanto. Pasaron cinco años antes de conseguir un trabajo fijo y todavía sin ser de mi especialidad, pero el favor de Dios demostró que Él me mantendría en la posición de hacer lo que Él deseaba.

Aprendí que no necesitas ningún título o diploma para demostrar que eres digno de servir al reino. Simplemente sé quién Él quiso que fueras, porque lo mereces y ¡Claro, eres más que digno!

8. CONOCE TU VALOR

"Nunca se aparten de ti la misericordia y la

verdad, Átalas a tu cuello, Escríbelas en la tabla de tu corazón; Y hallarás gracia y buena opinión Ante los ojos de Dios y de los hombres." (Proverbios 3:3-4)

D^{IA 9}

YO SOY Elegida

CREA en mí, oh Dios, un corazón limpio, Y renueva un espíritu recto dentro de mí. (Salmos 51:10 RVR)

Yo SOY HECHA a imagen de Dios. Yo soy una de los suyos. Cristo me escogió y me designó para llevar su fruto. Dios me ha elegido para estar en Su reino para que pueda tener un significado tremendo. Porque muchos son los llamados, pero pocos los elegidos.

Soy como una rosa que se ha secado, pero Dios me escogió específicamente de Su jardín y me diseñó para Su propósito. Una rosa no se preocupa por ser una flor ni compite por la atención porque toda rosa tiene espinas. Simplemente florece justo donde se plantó.

Cuando era más joven, siempre me elegían en último lugar y nunca pude jugar en la escuela secundaria en el equipo A, así que me sentí como una perdedora. Pensé que ser elegido por el equipo

A significaba ser elegido por los mejores. Pero no me di cuenta de que, al ser elegida por Dios, ya había sido elegida por los mejores.

Me recordó que puede que yo no sea su elección porque ya era la elegida de Dios. Nunca te conformes con menos cuando has sido elegido por los mejores. No solo me han apartado, sino que también me han elegido y creado para cumplir un gran propósito.

9. Yo SOY Elegida

"Así, los primeros serán postreros, y los postreros, primeros; porque muchos son llamados, mas pocos escogidos." (Mateo 20:16 RVR)

D^{IA 10}

VIVE CON PROPOSITO

Y SABEMOS que a los que aman a Dios, todas las cosas les ayudan a bien, esto es, a los que conforme a su propósito son llamados. (Romanos 8:28 RVR)

MIRO la ley perfecta de Dios y tengo la bendición de hacer lo que dice. Él me ha equipado perfectamente a través de Jesús para hacer ciertas cosas que estoy haciendo ahora. Amo a Dios con todo mi corazón porque trabajo para honrarlo. Soy una mujer de verdadero propósito, coraje y fuerza.

He sido marcada para cumplir mi propósito. Es mío y nadie me lo puede quitar. Vivo solo para servirle. No se trata de tener talento o habilidad, sino de llevar a cabo la voluntad de Dios.

El propósito no es algo de lo que huyas, sino algo hacia lo que corres. Te ayudará a mantenerte alineado con Dios. También le ayuda a crear oportunidades para usted y los demás. Tu propósito es único y específico. Nadie tendrá la misma tarea que te encomendaron. Haz de tu propósito tu pasión.

10. VIVE CON PROPOSITO

"Porque yo sé los pensamientos que tengo acerca de vosotros, dice Jehová, pensamientos de paz, y no de mal, para daros el fin que esperáis." (Jeremías 29:11RVR)

D ÍA 11

SEA Una Bendición

NI SE ENCIENDE UNA LUZ y se pone debajo de un almud, sino sobre el candelero, y alumbra a todos los que están en casa. Así alumbre vuestra luz delante de los hombres, para que vean vuestras buenas obras, y glorifiquen a vuestro Padre que está en los cielos. (Mateo 5:15-16 RVR)

SOY UN TESTIMONIO VIVO. Es importante cómo vivo porque soy un reflejo de la gracia de Dios. Estoy contenta con Su suficiencia y no guardo mis bendiciones. Las ventanas del cielo derraman más de lo que puedo recibir. El desbordamiento no es para que podamos tener suficiente espacio para almacenar, sino para que podamos compartir en grande con otros. No escondo mi luz debajo de una canasta. Dejo que brille para que todos la vean para que todos alaben a mi Padre.

Hay muchas formas de compartir sirviendo y dar a los necesitados. Solo tenemos que crear la oportunidad para hacerlo porque la persona a la que podríamos estar sirviendo podría ser un ángel disfrazado.

Cuando mi esposo y yo salíamos en las noches de citas, pedíamos bandejas para llevar a las personas sin hogar y reuníamos bolsas con artículos de higiene para distribuirlas en la esquina de la calle y también adoptábamos una familia durante las vacaciones.

Es una bendición compartir con otros lo que Dios ha hecho por mí porque es una bendición dar más que recibir. ¡Tengo la bendición de ser una bendición!

11. SEA Una Bendición

"En todo os he enseñado que, trabajando así, se debe ayudar a los necesitados, y recordar las palabras del Señor Jesús, que dijo: Más bienaventurado es dar que recibir." (Hechos 20:35 RVR)

D ÍA 12

MI NOMBRE Es Victoria

HIJITOS, VOSOTROS SOIS DE DIOS, y los habéis vencido; porque mayor es el que está en vosotros, que el que está en el mundo. (1 de Juan 4:4 RVR)

EL ESPÍRITU DE DIOS en mí es más grande que cualquier otro espíritu en el mundo. Él me permite vivir una VIDA victoriosa. Declaro VIDA sobre mis miedos y mis dudas. No seré derrotada en mi mente ni en mi VIDA. ¡Soy más que vencedor en Dios!

Me inspiré en la canción del compositor gospel Jonathan Nelson, "My Name Is Victory" (Mi Nombre es Victoria). Porque cuando sabes quién eres en Cristo no tienes nada que temer. No hay lugar para la competencia porque ya he sido declarada ganadora en Jesús. Los errores que he cometido ni siquiera pueden compararse con la belleza de Su gracia. ¡Dile al diablo que está derrotado!

Recuerdo haber jugado voleibol en la escuela secundaria; cuando antes de nuestros juegos orábamos, Dios siempre hacia que fluyera a nuestro favor. Porque el poder de la oración mueve la mano de Dios. Esto me recordó que debía permanecer firme en Él para poder enfrentarme al oponente.

No te preocupes por aquellos que te dijeron lo que no puedes hacer, SÓLO haz aquello por lo que Dios te ha creado. ¡¡¡Porque cuando aprendes a depender del poder de Dios puedes GANAR!!!

12. MI NOMBRE es Victoria

"Y ciñó David su espada sobre sus vestidos, y probó a andar, porque nunca había hecho la prueba. Y dijo David a Saúl: Yo no puedo andar con esto, porque nunca lo practiqué. Y David echó de sí aquellas cosas. (1 de Samuel 17:39 RVR)

D^{IA 13}

Yo ELIJO EL GOZO

EL CORAZÓN ALEGRE constituye buen remedio; Mas el espíritu triste seca los huesos. (*Proverbios 17:22*)

Yo ELIGO EL GOZO. Me estoy sacudiendo de cualquier culpa o vergüenza y estoy viviendo en el momento justo porque el gozo del Señor es mi fortaleza. Tengo un gran gozo porque obedezco los mandamientos de Dios y permanezco en Su amor. ¡Tener tal gozo es la confianza inquebrantable de Dios!

Existe una diferencia entre alegría y felicidad. La felicidad depende de los acontecimientos de LA VIDA; mientras que el gozo es la belleza de la gracia de Dios. No importa mi circunstancia, elijo cambiar mi perspectiva. Tomo el control total de mi VIDA y mi destino. Evito cualquier negatividad y odisea que se me presente porque, a diferencia de la miseria, a ella le encanta la compañía y yo me niego a aceptar su invitación. ¡Porque la alegría es un regalo de Dios y nadie te la puede quitar!

Hubo muchas ocasiones en mi VIDA en las que estuve involucrada en un altercado con mis compañeros. Ahora me doy cuenta de que, al final del día, todo el mundo tiene derecho a opinar. He aprendido que no todo merece una respuesta. Pero tienes que saber elegir tus propias batallas. ¡Permítele a Dios ser tu vindicador!

Una lección valiosa sobre esto es no permitir que nadie te vuelva tan amargado que te pierdas en el proceso. Nadie tiene tanto poder. No es decisión de nadie elegir lo que es mejor para ti. Tú eres responsable de tus propias acciones y cómo vas a responder depende de ti. ¡HOY YO ESCOJO EL GOZO!

13. Yo Elijo El GOZO

"Y la paz de Dios, que sobrepasa todo entendimiento, guardará vuestros corazones y vuestros pensamientos en Cristo Jesús." (Filipenses 4:7 RVR)

D IA 14

Remueve tus dones

Vengan, todos los que sean hábiles artesanos y construyan todo lo que el Señor ha ordenado. (Éxodo 35:10 RVR)

Yo SOY DOTADA porque Dios me creó con el propósito de servir a los demás. La gloria de Dios es mayor que mi don y Él es fiel. Completará el trabajo que ha comenzado en mí y mis dones me dejarán espacio. Puedo compartir mis dones con honor y placer. ¡Todos mis dones son para Su gloria!

Estimulamos nuestros dones mediante la disciplina piadosa, que produce el fruto de la naturaleza de Dios en nuestras vidas. Hay una diferencia entre los dones espirituales y los talentos, pero ambos son dones de Dios. Y ambos se dan con el propósito de servir a los demás.

El propósito de servir a los demás es glorificar a Dios mientras anima, edifica y fortalece a la iglesia. Quiere que usemos nuestros dones que nos ha dado para impactar a los perdidos al traerlos al Reino. Se me ha dado el don del servicio y su singularidad para empoderar a la iglesia y la comunidad. El Armario de Pastores fue creado para este propósito. ¡Mueva los dones dentro de usted con el poder del Espíritu Santo!

14. **Remueve tus dones**

"Por eso, te recuerdo el deber de reavivar el don que Dios te otorgó cuando impuse mis manos sobre ti." (2 de Timoteo 1: 6-7 RVR)

D^{IA 15}

Ordena Mis Pasos

LA MISERICORDIA y la verdad nunca se aparten de ti; átalas a tu cuello, escríbelas en la tabla de tu corazón. (Proverbios 3:3 RVR)

Yo Soy quien soy porque Cristo vive en mí. No me preocupo por los acontecimientos de la VIDA y no tengo nada que temer. Todos los desafíos de mi VIDA me han llevado más cerca de Dios. Dependo de su guía que me consuela. Estoy equipada y alineada con mi propósito.

Porque he escrito amor y fidelidad en la tabla de mi corazón, tengo gracia ante Dios. Puedo encontrar todas las respuestas que necesito para mi VIDA desde adentro; están en mi subconsciente profundo y esperan que las explore. Entro, respondo una pregunta, tengo paciencia y confianza, la respuesta me llegará a través de la sabiduría de la misericordia y la verdad de Dios.

El trabajo de mis manos y los planes de mi VIDA avanzan ahora rápidamente hacia un cumplimiento seguro y perfecto. Anticipo el bien en la acción correcta de Dios, pongo ahora toda mi confianza. Este es un tiempo de consumación divina. Ahora cosecho una cosecha de bien como los milagros siguen a los milagros, y las maravillas nunca cesan. ¡Mis pasos han sido ordenados!

15. Ordena Mis Pasos

"Estando convencido precisamente de esto: que el que comenzó en vosotros la buena obra, la perfeccionará hasta el día de Cristo Jesús." (Filipenses 1:6)

DIA 16

Crecer en la Fe

NADA DEBE ANGUSTIARLOS; al contrario, en cualquier situación, presenten a Dios su deseos, acompañando sus oraciones y súplicas con un corazón agradecido. Y la paz de Dios, que desborda toda inteligencia, guardará sus corazones y sus pensamientos por medio de Cristo Jesús. (Filipenses 4:6-7 RVR)

UNA PLANTA NO PUEDE CRECER y prosperar si no se planta en el suelo adecuado. Si no estoy arraigada en Cristo, siendo nutrida por Su palabra, literalmente me estoy marchitando de adentro hacia afuera. La muerte es inminente si no estoy arraigada y edificada en Cristo.

Cuando me humillo ante Dios en oración, Él me escucha y obtengo entendimiento. Mis sentimientos negativos no provienen de Él, así que no tengo que aguantarlos. Le entrego todas mis ansiedades y sé que las aceptará porque me ama. Esto me da paz, esperanza y serenidad. Por tanto, caminaré en fidelidad. Camino en obediencia. Camino con cuidado. Yo camino en la confiabilidad. Camino en piedad. Camino en la verdad. La palabra de Dios es verdad. ¡Crezco en la fe!

16. Crecer en la Fe

"Echa sobre el SEÑOR tu carga, y Él te sustentará; Él nunca permitirá que el justo sea sacudido." (Salmos 55:22)

D^{IA 17}

¡Inspírate!

¡Cuánto amo tu ley! Sobre ella medito todo el día. (Salmos 119:97 RVR)

Yo AMO los principios de Dios y medito en ellos día y noche. Tengo una mente sana y llena de buenos pensamientos, no de derrotas. Me guían en la dirección correcta. Por la fe, estoy bien. Estoy equipada. Estoy ungida. Estoy empoderada. ¡Mis pasos están ordenados!

Manifiesto mis deseos. He superado mis miedos. Me niego a rendirme hasta que haya agotado todas mis opciones. Cada día me siento más inspirada y empoderada. No dependo de las citas de sabiduría de nadie más, sino que busco en Dios la dirección que me ayude a pasar.

La palabra de Dios me desafía a ser más grande que mi misma. Confío en Su fuerza para ayudarme a avanzar en mi caminar diario. Hoy bendigo mi ser con una inspiración ilimitada. ¡Mi inspiración viene solo de Dios!

17. !Inspírate!

"Toda Escritura está inspirada por Dios y es provechosa para enseñar, para argumentar, para corregir y para educar en la rectitud." (2 de Timoteo 3:16)

D^{IA 18}

Camina en Humildad

NO HAGAN NADA por egoísmo o vanagloria; al contrario, sean humildes y consideren que los demás son mejores que ustedes. (Filipenses 2:3 RVR)

Yo SOY lo suficientemente humilde para saber que no soy mejor que nadie, pero también soy lo suficientemente sabia para saber que soy diferente al resto. Soy lo suficientemente humilde para buscar ayuda cuando la necesito. Elijo ser humilde porque sé que me lo merezco.

Estoy contenta con mis circunstancias. No quiero nada porque el Dios al que sirvo es más que suficiente. Doy gratuitamente sin recompensa. No tengo todas las respuestas porque sigo aprendiendo cosas nuevas todos los días.

Cuando cometo errores, siempre puedo depender de la fuerza de Dios para corregir el error de mis caminos. A veces es difícil destacar entre la multitud, pero me recuerda que soy diferente al resto. Soy lo suficientemente humilde para darme cuenta de que no puedo hacer esto sola. He aprendido que de aquello por lo que estoy pasando, también puedo crecer. Camino en humildad.

18. Camina en Humildad

"Así pues, yo, prisionero por amor al Señor, les exhorto a que lleven una vida en consonancia con el llamamiento que han recibido. Sean humildes, amables, comprensivos. Sopórtense unos a otros con amor." (Efesios 4:1, 2)

D^{IA 19}

SEA Agradecido

*Alaben al Señor por su bondad, porque es eterno su amor.
(Salmo 136:1 RVR)*

EL AGRADECIMIENTO ES UN REQUISITO
PREVIO PARA LA FELICIDAD HAPPINESS.
Eso prepara el escenario para la abundancia.
Cuando lo que tengo es suficiente, me siento satis-
fecho y abierto a recibir más. La gratitud da sentido
a nuestro pasado, trae paz para hoy y crea una
visión para el mañana.

La gratitud me cimenta en mi fe. Me enseña a
crecer en espíritu y en verdad. Estoy agradecida por
los nuevos comienzos. Hay ocasiones en las que me
he sentido abrumada, pero Dios me recuerda lo que
valgo. Dios mira más allá de mis faltas y apoya mis
deseos.

No importa mi circunstancia, siempre hay algo
por lo que estar agradecida. LA VIDA me da una
gran cantidad de bendiciones por las que estar

agradecida. Tener una actitud de gratitud es la clave para manifestar una mejor VIDA para mí. ¡Estoy eternamente agradecida!

19. **SEA Agradecido**

"Y no es la necesidad lo que me hace hablar así, pues he aprendido a bastarme en cualquier circunstancia." (Filipenses 4:11)

D^{IA 20}

DIOS me Favorece

DIOS, POR SU PARTE tiene poder para colmarlos de bendiciones de modo que, siempre y en cualquier circunstancia, tengan ustedes lo necesario y hasta les sobre para que puedan hacer toda clase de buenas obras. (2 de Corintios 9:8 RVR)

Yo DECLARO que estoy agradecida por quién es Dios en mi VIDA y por lo que ha hecho. No daré por sentado a la gente y las oportunidades, y el favor con el que me bendijo. Caminaré en humildad e integridad. Mi corazón rebosará de alabanza y gratitud por toda Su bondad y misericordia.

El favor de Dios me sacó de muchos lugares oscuros. Estaba ahí para mi protección. Me protege en mi casa, en mi trabajo, viajando por carreteras peligrosas e incluso de mis enemigos. Me mantuvo alejada de los problemas y del peligro.

A veces, las experiencias de la VIDA le desafiarán a comenzar a cuestionar a Dios, pero su favor ha abierto muchas oportunidades para las que ni siquiera califiqué. Recuerdo haber solicitado mi primer trabajo como cajera en un puesto de hamburguesas que acaba de abrir; aunque yo no tenía experiencia, Dios consideró oportuno cambiar las cosas a mi favor. Es por fe que Él es la única razón por la que he llegado hasta aquí. ¡Porque Dios me favorece!

20. **DIOS Me Favorece**

"El favor de Dios descansa sobre mí y su sabiduría fortalece al hombre interior." (Números 6:24-26)

D IA 21

Yo SOY una Sierva

¿A quién pretendo yo ahora ganarme? ¿A quién busco agradar? ¿A Dios o a personas humanas? Si todavía tratase de seguir agradando a personas humanas, no sería siervo de Cristo. (Gálatas 1:10)

Yo SOY SUFICIENTE. Dejo ir lo que no me está sirviendo y acepto quién soy hoy. Me siento satisfecha sirviendo los propósitos de mi VIDA. Mi servicio me somete a Dios; dándole toda la gloria y el honor que le corresponde. ¡Le serviré con todo mi corazón!

Estoy equipada para conquistar todos los desafíos de la VIDA. Elijo dejar ir todo lo que no me sirve. Soy guiada divinamente en todo lo que hago. Estoy agradecido por la abundancia que tengo en mi VIDA. Estoy alineada con la voluntad y el propósito de Dios.

Me han llamado por todos los nombres excepto una Hija de Dios, así que ignoro a mis críticos.

Sirvo con un propósito. Sirvo con gracia. Sirvo con amor. No estoy aquí para hacer amigos. ¡Solo estoy aquí para GANAR ALMAS! Dios es el único que me propuse complacer y al final del día las siete palabras que quiero escuchar son: "Bien hecho, mi buen y fiel sierva."

21. Yo Soy una Sierva

"Su señor le dijo: "Bien, siervo bueno y fiel. Sobre poco has sido fiel, sobre mucho te pondré. Entra en el gozo de tu señor." (Mateo 25:21)

D IA 22

ESTOY HECHA Para Esto

SÓLO YO SÉ los planes que tengo para ustedes. Son planes para su bien, y no para su mal, para que tengan un futuro lleno de esperanza. (Jeremías 29:11 RVR)

NO ES DEMASIADO tarde para lograr todo lo que Dios ha puesto en mi corazón. No he perdido mi ventana de oportunidad. Dios tiene momentos de favor en mi futuro. Él me está preparando para este momento porque está liberando una gracia especial para ayudarme a lograr mi sueño. Esta es mi hora. Este es mi momento. ¡Porque he sido creada para un tiempo como este!

Dios ha trazado mi VIDA en un plano. Él está dando un favor a mi VIDA en este momento. Ha ordenado mis pasos. Nadie puede interrumpir los planes que tiene para mi VIDA porque me han dado todas las herramientas necesarias que necesito para cumplir mi propósito. Me han asignado a esta montaña para mostrarles a los demás que se puede mover. No se me ha dado una fecha específica para completar mi tarea. A su debido tiempo seguiré la misión que Dios me ha preparado. ¡Estoy hecha para esto!

22. **ESTOY HECHA Para Esto**

"Si ahora callas por completo, de alguna otra parte nos vendrá respiro y liberación a los judíos, pero tú y tu familia paterna morirán. ¿Quién sabe si has llegado al reino para un momento así?" (Ester 4:14)

D IA 23

SEA Alentada

HERMANOS MÍOS, considérense muy dichosos cuando estén pasando por diversas pruebas. 3 Bien saben que, cuando su fe es puesta a prueba, produce paciencia. (Santiago 1: 2-3 RVR)

TODOS LOS DÍAS NO SE SENTIRÁN como domingo. Hablaré sobre las pruebas y tribulaciones de mi VIDA. No permitiré que los pensamientos negativos consuman mi mente. Deja que el gozo prevalezca en mi corazón. El gozo del Señor es mi fuerza. Esto también pasará.

No solo alabe a Dios bajo el sol, sino que también aprenda a bailar bajo la lluvia. Porque es dentro de nuestro dolor más profundo que pronto descubriremos Su plan divino. Da a luz a nuestro destino. Dios está trabajando en nosotros con un propósito específico.

Nada lo ha tomado nunca por sorpresa. No importa lo que enfrente hoy, sepa que Él hará un camino de salida porque Él lo ama y lo ayudará a superarlo. ¡Anímate hoy porque Dios siempre termina lo que comienza!

23. SEA Alentada

"Su enojo dura sólo un momento, pero su bondad dura toda la vida. Tal vez lloremos durante la noche, pero en la mañana saltaremos de alegría." (Salmos 30:5)

D IA 24

SOY una Vencedora

NO ES QUE YA LO HAYA ALCANZADO, ni que ya sea perfecto, sino que sigo adelante, por ver si logro alcanzar aquello para lo cual fui también alcanzado por Cristo Jesús. Hermanos, yo mismo no pretendo haberlo alcanzado ya; pero una cosa sí hago: me olvido ciertamente de lo que ha quedado atrás, y me extiendo hacia lo que está adelante; ¡prosigo a la meta, al premio del supremo llamamiento de Dios en Cristo Jesús (Filipenses 3: 12-14)

Yo SOY UNA VENCEDORA. Estoy comprometida con el llamado y dedicado a vivir la santidad en mi VIDA diaria. Renazco con una nueva orientación y una nueva expectativa. Cada día me levanto esperando lo imposible porque Dios me da el poder de resistir y la fuerza para aguantar. Este es mi propósito.

No soy perfecta de ninguna manera. Soy una hija de Dios y no puedo ser derrotada. Ha habido muchas armas que se han formado pero que no prosperaron. He superado muchos desafíos de la derrota: la adversidad, el rechazo y la depresión, PERO Dios me libró de todos ellos.

Me refiero a la VIDA sobre mis circunstancias y me ha enseñado a ser humilde a pesar de todo. Lo que no me mató definitivamente me hizo más fuerte. Mi fe es mi arma que me coloca en una posición de propósito. Porque Dios está ahí conmigo. ¡Soy más que una conquistadora! ¡Soy una VENCEDORA!

24. SOY Una Vencedora

"Esfuércense y cobren ánimo; no teman, ni tengan miedo de ellos, porque contigo marcha el Señor tu Dios, y él no te dejará ni te desamparará." (Deuteronomio 31: 6)

Día 25

Nada Me Faltará

"POR LO TANTO, busquen primeramente el reino de Dios y su justicia, y todas estas cosas les serán añadidas. Así que, no se preocupen por el día de mañana, porque el día de mañana traerá sus propias preocupaciones. ¡Ya bastante tiene cada día con su propio mal" (Mateo 6: 33-34 RVR)

MI DIOS ES rico en propiedades y tierras. No me preocupo por la VIDA diaria. No perseguiré dinero ni cosas materiales; Lo atraeré. Dios conoce mis necesidades y las satisface porque hago de su reino mi principal preocupación. Él es mi proveedor y quien me abastece de todas las cosas: ¡Jehová Jireh!

No hay nada que necesite en este mundo que no pueda pedirle a mi Padre. Tengo comida, ropa y refugio. No busco la fama o la fortuna porque Él es el dueño de todas las cosas. Dios es mi protector. Él es mi seguridad. Él es mi guardián. ¡No me faltará de nada!

25. **Nada Me Faltará**

"No se turbe su corazón. Ustedes creen en Dios; crean también en mí. En la casa de mi Padre hay muchos aposentos. Si así no fuera, ya les hubiera dicho. Así que voy a preparar lugar para ustedes." (Juan 14: 1-2)

D IA 26

Sigue Tu Corazón

CUIDA tu corazón más que otra cosa, porque él es la fuente de la vida. (Proverbios 4:23)

Yo TENGO DISCERNIMIENTO. Puedo ver el panorama general y tomar decisiones acertadas para mirar los caminos que tengo ante mí. Tengo un sentido de lo que se siente bien o mal y utilizo el discernimiento al tomar decisiones sobre mis compañeros y mi entorno. ¡Camino con Dios dondequiera que voy!

No hay sueño demasiado grande o demasiado pequeño; puedes ser lo que quieras ser. No importa lo que hagas, siempre estarás rodeado de críticas. Lo que es imposible para el hombre, es posible para Dios. ¡No dejes que el ruido del mundo interrumpa los planes que Dios tiene guardados para tu VIDA! Confía en Dios, cree en ti mismo y todos tus planes tendrán éxito. ¡Sigue a tu corazón!

26. Sigue tu Corazón

"Confía en el Señor de todo corazón, y no te apoyes en tu propia prudencia. Reconócelo en todos tus caminos, y él enderezará tus sendas." (Proverbios 3:5-6)

D^{IA 27}

SEA Transformado

DE MODO QUE, si alguno está en Cristo, ya es una nueva creación; atrás ha quedado lo viejo: ¡ahora ya todo es nuevo! (2 Corintios 5:17)

TENGO la gracia que necesito para hoy. Me puse mi manto de alabanza. Los lugares a los que solía ir, ya no voy. Caminaré valientemente con confianza en su fuerza y poder. Nada de lo que enfrente será demasiado difícil de conquistar. Declaro que soy Suya y Él es mío. Yo soy su obra maestra.

Dios hizo la suciedad y que la suciedad no duela. Todo lo que atravesamos debemos CRECER. A veces, cuando Dios quiere que nos movamos, nos incomoda. Así como la oruga se transforma en mariposa, nosotros también. Deja de vivir en el jardín de la comodidad porque allí no crece nada.

As Como lo dijo mejor el ensayista estadounidense Ralph Waldo Emerson: "El dolor mira hacia atrás, la preocupación mira al alrededor y la FE mira hacia arriba". Por lo tanto, ya no miro hacia atrás a mi pasado, miro hacia adelante.

.

27. SEA Transformado

"Si confiesas con tu boca que Jesús es el Señor, y crees en tu corazón que Dios lo levantó de los muertos, serás salvo." (Romanos 10:9)

D^{IA 28}

SEA El Milagro

NI ES RESULTADO DE LAS OBRAS, para que nadie se vanaglorie. Nosotros somos hechura suya; hemos sido creados en Cristo Jesús para realizar buenas obras, las cuales Dios preparó de antemano para que vivamos de acuerdo con ellas (Efesios 2:9-10)

YO SOY SU OBRA MAESTRA. Estoy por encima de la media. La gracia que tengo, no la gané y no la merezco. Todo lo que soy se lo debo a Él. Mi escudo y mi fe me consuelan. Camino en Su ejemplo de humildad.

Una de mis películas favoritas es "Todo Poderoso" protagonizada por Jim Carrey y Morgan Freeman. Dios le dice a Bruce que el problema con todos es que están demasiado ocupados mirando hacia arriba cuando deberían estar mirando desde adentro.

Todo lo que tenemos, Dios nos ha dado poder para hacerlo por nosotros mismos. Deja de esperar una oportunidad y sal y créala tú mismo. Encuentre lo que le apasione y utilícelo para ayudar a la comunidad a marcar la diferencia.

Tú eres el Milagro. ¡SE El Milagro!

28. **SEA El Milagro**

"Hermanos míos, ¿de qué sirve decir que se tiene fe, si no se tienen obras? ¿Acaso esa fe puede salvar? Si un hermano o una hermana están desnudos, y no tienen el alimento necesario para cada día, y alguno de ustedes les dice: «Vayan tranquilos; abríguense y coman hasta quedar satisfechos», pero no les da lo necesario para el cuerpo, ¿de qué sirve eso? Lo mismo sucede con la fe: si no tiene obras, está muerta." (Santiago 2:14-17)

D^{IA 29}

Yo ESTOY Entregada

Porque, si cuando éramos enemigos de Dios fuimos reconciliados con él mediante la muerte de su Hijo, mucho más ahora, que estamos reconciliados, seremos salvados por su vida. (Romanos 5:10)

Yo SOY REDIMDA, y lo digo. La sangre de Jesús me limpia de toda enfermedad, dolencia y pobreza. Soy renovada por la fuerza de Su poder. Tengo las bendiciones que anulan todas las maldiciones de la Tierra. Él es el pago total y final por todos mis pecados, fallas y defectos pasados, presentes y futuros. Tengo una dependencia total solo de Él.

He pasado por muchas cosas, he visto muchos lugares y he experimentado peligros visibles e invisibles. No voy a los lugares que solía ir. No salgo con la gente que solía hacerlo. No hago las cosas que solía hacer. Gracias a Dios, no me veo como por lo que he pasado. Me rodeo de aquellos que me ayudan a mantenerme responsable. ¡Estoy liberada!

29. Yo ESTOY Entregada

"Yo fui joven, y ya he envejecido, pero nunca vi desamparado a un justo, ni vi a sus hijos andar mendigando pan." (Salmos 37:25)

D^{IA 30}

Yo SOY Suficiente

ELEVO mis ojos a los montes; ¿de dónde vendrá mi socorro?
Mi socorro viene del Señor, creador del cielo y de la tierra.
(Salmos 121:1-2)

ESTOY EQUIPADA para cada buena obra que
Dios ha planeado para mí. Estoy ungida y empoderada para ser todo lo que Él me creó para ser. Hay
cosas que no entiendo en este momento, pero
permito que Él sea mi guía. No hay nada que no
pueda hacer porque confío en él. Mis pasos están
ordenados.

No me preocupo por sentirme despreciada
porque estoy llena de VIDA con infinitas posibilida-
des. No busco a nadie que me valide porque solo
Dios me ha llamado.

Soy digna. Soy amada. Soy lo suficientemente
buena. Tengo suficiente. ¡Yo soy suficiente!

30. **Yo SOY Suficiente**

"Todo lo puedo en Cristo que me fortalece."
(Filipenses 4:13)

D IA 31

Yo SOY Del Reino

JESÚS LE DIJO: "Yo soy el camino, y la verdad, y la vida; nadie viene al Padre, sino por mí." (Juan 14: 6)

Yo ESTOY con Dios y Él está conmigo. Puedo ver el reino porque nací de nuevo. Estoy conectada divinamente y alineada con mi propósito. ¡Esta Tierra no es mi hogar, porque el Reino es mi meta! ¡Algún día estaré en el cielo con mi Padre porque conozco el camino a través de Jesús!

Crecí en el sistema de hogar foster, así que me sentí sola. Pensé que todo mi mundo se estaba derrumbando. Me asusté mucho. Mi infancia fue un gran borrón, así que no tuve ninguna memoria para recordar. Me habían arrebatado la familia que una vez conocí. Pensé en huir, pero Dios había ordenado mis pasos.

Puede que la familia no siempre sea de sangre, pero tener personas a tu alrededor que te amen más allá de tu dolor. Ayudará a llenar su vacío. No me preocupo por los comienzos destrozados porque sé que no es así como mi historia termina. Todo lo que está unido a Él me pertenece y soy rica en todas las cosas.

He aprendido que siempre que te encuentres en un territorio desconocido, siempre puedes buscar pedirle a Él que sea tu guía. Tener Su gracia me ha enseñado a ser humilde a pesar de mis circunstancias. El puente sobre aguas turbulentas es a través de Jesús, ¡porque Él me mantuvo en medio de todo! ¡YO SOY Del Reino!

31. **SOY Del Reino**

"Puente sobre aguas turbulentas (Bridge over troubled waters)" de Simon & Garfunkel

SOBRE LA AUTORA

Chesma Comer McCoy nacio
en Austin, TX, hija de Arnold
M. Comer, Jr. Y Gayle
Marshall Comer naciendo
el 11 de septiembre de
1981. Es la menor de tres
hijas, Vanessa Hardison,
(Killeen, TX) y Valancia
Comer, (Austin, TX).

Fue ubicada en una casa de
cuidado para niños o foster a la tierna edad de 3
años y fue criada por sus tutores legales James y
Girtie Crathers en Bartlett, TX por 15 años.
Tienen una familia de 11 y una gran cantidad de
nietos y bisnietos..

Ella es una firme creyente de Nuestro Señor y
Salvador, Jesucristo y fue salva a la edad de 14 años
en Holy Temple COGIC, por el Pastor Langston B.
Williams, Sr., en Bartlett, Texas.

Se graduó de la escuela secundaria en Bartlett High School en mayo de 2000 y regresó a Austin, TX para reunirse con su madre.

Ella sirvió como miembro del coro y en el ministerio de misiones juveniles en la Iglesia Bautista Rosewood, Coby Shorter, III, Pastorando en noviembre de 2000.

Está casada con Leonard McCoy desde hace 16 años (casados el 24 de enero de 2004) y es madre de dos hijos, Cheston y Leandra McCoy.

Ella entró en depresión después de que sufrió un aborto espontáneo de su segundo hijo y perdió su trabajo en septiembre de 2009, lo que luego causó la separación de ambos lo cual llevó al divorcio SIN EMBARGO por la Gracia de Dios, se reunieron en marzo de 2014.

Ella restituyó su VIDA a Cristo y fue bautizada en noviembre de 2015 por el pastor Eric Jones de Emmanuel Bible-The Love Church, en Austin, Texas.

Ahora es una sierva dedicada y fiel de la Iglesia Bautista de la Comunidad Abundante LIFE de Pflugerville, Texas, donde DeChard I.H.M. Freeman es Pastor. (Marzo de 2016)

Ella obtuvo su certificación de asesora de la Comunidad Abundante LIFE, con la pastora Connie Stewart, de la iglesia Believer's Empowerment Church y propietaria y directora ejecutiva de Bloom U en Houston, Texas en noviembre de 2018.

Fundó Pastors 'Closet, una organización sin fines de lucro 501 (c) (3) en noviembre de 2018 como una extensión de su servicio.

Sus servicios incluyen oración, devociones diarias, conferencias de bienestar, retiros espirituales, entrenamiento, asesoría, servicios de apoyo a todos los líderes cristianos necesitados, todo como parte de principios bíblicos y basados en la fe.

Ella expresa su amor y compasión a cada pastor por el amor y la dedicación que todos ellos aportan a la iglesia y a la comunidad.

El propósito y pasión para seguir esta misión es dedicado a los pastores que perdieron la vida por suicidio y depresión. Ella rinde homenaje y tributo sirviendo con amor y humildad. Ella está dedicada a este propósito y se esfuerza cada nuevo día a medida que Dios le da fuerzas.

Su escritura favorita es el Salmo 121 y su himno favorito es "I Love to Praise Him" en la versión de Donnie McClurkin.

Made in the USA
Middletown, DE
20 May 2021